Moïse ILOKO KITUMBAMOYO

IL PRIT UNE DE CES CÔTES ET REFERMA LA CHAIR ...

Moïse ILOKO KITUMBAMOYO

IL PRIT UNE DE CES CÔTES ET REFERMA LA CHAIR ...

Le mystère du sommeil d'Adam

Éditions Croix du Salut

Imprint

Cover image: www.ingimage.com

Publisher:
Éditions Croix du Salut
is a trademark of
Dodo Books Indian Ocean Ltd. and OmniScriptum S.R.L publishing group

120 High Road, East Finchley, London, N2 9ED, United Kingdom
Str. Armeneasca 28/1, office 1, Chisinau MD-2012, Republic of Moldova, Europe
Printed at: see last page
ISBN: 978-620-3-84516-7

Moïse ILOKO KITUMBAMOYO

IL PRIT UNE DE CES COTES ET REFERMA LA CHAIR...

Le mystère du sommeil d'Adam

ÉDITION CROIX DU SALUT

Moïse ILOKO KITUMBAMOYO

E-mail : ilokomoise20050@gmail.com

Tél: +243 977697992

INTRODUCTION

L'intitulé de cet ouvrage qui se trouve entre vos mains a été tiré dans Genèse 2:21:" *Alors l'Éternel Dieu fit tomber un profond* ***sommeil sur l'homme****, qui s'endormit; il prit une de ses côtes, et referma la chair à sa place"* .

Le texte biblique ci-haut est très prophétique d'autant plus que le mystère du sommeil d'Adam est la préfiguration de la naissance de l'Église qui est l'épouse de Christ. Adam par son profond sommeil, il a connu (la mort) afin que Eve son épouse naisse. Ce mystère sera révélé par la mort de Jésus-Christ à la croix de Golgotha afin que l'Eglise, son épouse naisse.

C'est par le sommeil d'Adam, que Dieu a permis à Adam et Eve d'être dans une alliance. Et cette alliance a de fortes similitudes avec la relation de Christ et l'Église. Adam a été endormi pour donner naissance à la chair de sa chair, tandis que Christ est mort pour que naisse l'Église, son épouse spirituelle, donc sa chair en esprit.

Autrement dit, c'est par le côte d'Adam que Dieu a formé Ève. Jésus-Christ, le second et dernier Adam, c'est aussi par son sang versé à la croix de Golgotha qui a donné naissance à son épouse qui est l'Eglise.

Par cette introduction, vous pouvez cerner d'ores et déjà la pertinence du contenu de cet ouvrage que nous vous prions de lire avec méditation.

TITRE PRÉLIMINAIRE:

DÉFINITIONS DU MOT "SOMMEIL"

Nous ne pouvons pas arborer de ce grand mystère du sommeil d'Adam sans toute fois apporter un éclairage sur le mot " **Sommeil** " qui peut avoir plusieurs significations:

1. Le sommeil sur le plan physique (charnel)

Le mot sommeil en latin "somniculus" , diminutif de " somnus". Il s'agit d'un état inconscient nécessaire à la vie. Pendant le sommeil le corps suspend sa vigilance, il y a un certain relâchement musculaire, un ralentissement de la circulation sanguine et de la respiration.

Cependant, si le sommeil physique, voulu par Dieu, est bon pour notre corps, il existe un tout autre sommeil c'est-à-dire « le sommeil sommeil spirituel » qui peut avoir des conséquences positives ou néfastes pour notre âme.

Ainsi donc, nous le classons sous deux angles: positif et négatif.

2. Le sommeil spirituel : sous l'angle positif

Il s'agit d'un sommeil qui procure la confiance totale en Dieu. Il apporte une heureuse communion entre le père et son fils. Entre Dieu et celui qui lui place sa confiance.

C'est pourquoi la bible nous dit dans Psaume 121:3, *« Celui qui te garde* ***ne sommeillera pas*** *». Et dans Proverbes 3:24 il est dit: «* ***Si tu te couches tu n'auras point de crainte*** *; mais tu te coucheras et ton sommeil sera doux » (Prov. 3 : 24).*

Dans la prison, Pierre, enchaîné, gardé par seize gardiens, ayant devant lui, pour le lendemain, le supplice et la mort, dort d'un profond sommeil (Act. 12 : 6).

Lorsqu'on place son sommeil sous la totale conduit de Dieu, il y a le repos et l’assurance. Les soucis et les requêtes sont exposés à Dieu .

3. Le sommeil spirituel : sous l’angle négatif

Le sommeil spirituel sous cet angle, vient souvent " **de la paresse et de l’oisiveté «.** C’est un grand danger qui nous guette tous.

C'est un sommeil qui est progressif : on commence par sommeiller « un peu ». Dans la Bible, nous le remarquons lorsque Jésus-Christ quitta ses disciples pour s’en aller au Père, il les a donné cet avertissement : « Veillez et priez, afin que vous n’entriez pas en tentation ; l'esprit est prompt, **mais la chair est faible** » (Matt. 26 : 41 ; Marc 14 : 38).

Nous voyons même l'apôtre Paul qui nous exhorte à **ne pas « dormir comme les autres** » (1 Thes. 5 : 6) ; ces autres « qui n'ont pas d'espérance » (1 Thes. 4 : 13). « **N'aime pas le sommeil** de peur que tu ne deviennes pauvre » (Prov. 20 : 13).

Nous pouvons donc retenir que le sommeil spirituel est positif lors qu'il nous pouser à trouver notre repos entre les mains de Dieu peut importe les situations (les épreuves) dont nous traversons. Nous nous trouvons comme refuge Dieu, et il nous fortifie, nous anime, nous conduit, nous guide, nous protège. Bref, c'est un sommeil où Dieu devient notre seule espérance.

Tandis que le sommeil spirituel devient négatif, lorsque Dieu n'a pas le contrôle de la vie d'une personne. C'est l'influence du monde, des esprits méchants, les convoitises de la chair, l'abandon de la foi, l'apostasie, le rétrograde qui anime la personne.

Après cette précision que nous avons trouvé nécessaire, parlons alors du mystère du sommeil d'Adam.

CHAPITRE I.

UN SOMMEIL QUI A RÉPONDU À UN BESOIN

Genèse 2:21-22:

« Alors Dieu fit tomber ***un profond sommeil sur l'homme****, qui s'endormit ;* ***il prit une de ces côtes et referma la chair à sa place.*** *L'Éternel Dieu forma une femme de la côte qu'il avait prise de l'homme, et il l'amena vers l'homme. Et l'homme dit : Voici, cette fois, celle-ci est os de mes os, chair de ma chair.»*

Tout ce que Dieu fait, il le fait avec un but (objectif). Dieu ne fqit rien au hasard. Le mot hasard n'existe pas dans le dictionnaire de Dieu. Le sommeil d'Adam a répondu à un besoin.

Adam avait besoin de partager ses pensées avec quelqu'un qui serait aussi capable de bénéficier, avec lui, des dons divins. C'est pourquoi l'Eternel déclare dans Genèse 2:18, " **Il n'est pas bon que l'homme soit seul; je lui ferai une aide semblable à lui ".**

Nous comprenons de ce passage ci-haut que c'est donc le besoin qui a posé Dieu à penser à Eve. En d'autres mots Dieu a trouvé que Adam manquait quelqu'un. Donc "un semblable".

La question que je me pose est de savoir : pourquoi Dieu est passé par le sommeil d'Adam afin de former Eve ? Pourquoi Dieu n'a pas simplement cree directement Eve sans avoir fait recours à Adam ?

Je crois personnellement que c'est parce que Dieu avait mis dans Adam toute sa nature qu'il ne pouvait plus faire recours à une nouvelle création. Adam était la créature la plus parfaite et complète que Dieu a créé.

Donc si Dieu aurait crée une autre créature pour répondre au besoin d'Adam, ça aurait été un échec car, cette création ne serait pas semblable à Adam.

Ainsi, Dieu a compris que le besoin d'Adam était dans Adam. Il fallait faire recours dans la composition d'Adam pour former Eve. Dieu a fait recours dans l'ADN d'Adam pour former Eve. Autrement dit, lorsque Dieu a formé l'homme de la poussière de la terre, l'homme est devenu un homme de chair et de sang et dans cet homme de chair et de sang, se trouvait la femme.

Dieu ne peut pas te donner ce qui te sera incompatible. Lorsque Dieu te donne, il tient en compte à tes besoins. Le besoin d'Adam était d'avoir celle qu'il lui sera semblable donc Eve.

Le mot "semblable" veut tout simplement dire: *ce qui est pareil, ressemblant, qui est de même nature, de même qualité, qui a des caractères communs, qui est similaire.*

Pour pouvoir former le corps de la femme, Dieu a fait tomber un profond sommeil sur l'homme, qui s'est endormi. C'est pendant son sommeil que Dieu a pris sa côte, c'est-à-dire son sang, pour créer la femme.

Dans la typologie biblique, Adam est un type de Jésus-Christ. Et Ève est un type de l'Eglise. Ce qui fait que Adam a eu une femme au nom de Eve; le second et dernier Adam qui est Jésus-Christ a aussi sa femme au nom de l'Eglise.

CHAPITRE II

UN SOMMEIL QUI RESSEMBLAIT À LA MORT

Dans Genèse 2:21-22 qui est notre texte de basse, la Bible précise : " *Alors Dieu fit tomber* ***un profond sommeil*** ***sur l'homme****, qui s'endormit ;...*"

La question que je me pose est la suivante : pourquoi la bible utilise le mot : " profond sommeil " au lieu de dire simplement "sommeil" ?

Je crois avec certitude que c'est parceque il ne s'agissait pas d'un sommeil normal. **Le sommeil d'Adam est le symbole d'une forme d'abandon de soi dans le but de permettre l'avènement, c'est-à-dire la naissance de l'autre. Adam a accepté de s'abandonner, de s'oublier, de perdre quelque chose d'important en lui pour que Eve soit créé.** C'est le sommeil d'Adam a permis à Ève d'exister et d'avoir le statut d'épouse. Il fallait donc que Adam entre dans un profond sommeil. Le mot "profond" veut dire: Qui plonge très loin, qui est éloigné.

Pourquoi nous affirmons que le sommeil d'Adam est semblable à la mort ?

La réponse est qu'aucun humain peut être percé pendant son sommeil sans se réveiller. Seul sur un mort qu'on peut procéder de la sorte dans avoir de réaction.

Le sommeil dans la Bible est aussi l'image de la mort. Par exemple, Jésus a comparé la mort au sommeil parlant de la fille de Jaïrus et même parlant de Lazare.

Pour que Eve existe il fallait qu'Adam meurt (profond sommeil) pour que Dieu le ressuscite par après.

Prophetiquement parlant, pour que l'Eglise (image de Eve) existe il fallait aussi que Jésus-Christ (image d'Adam) meurt à la croix de Golgotha pour que Dieu le ressuscite par après d'entre les morts.

Le profond sommeil d'Adam est l'image de la mort. Dans la pensée prophétique de Dieu, la mort est égale au sommeil. Adam était mort (profond sommeil) pour une cause utile qui est Eve. Adam a accepté de se sacrifier pour amener Eve à l'existence.

De même, Christ s'est sacrifié pour amener l'Eglise, son épouse à l'existence. Sans la mort (le profond sommeil) d'Adam Eve n'allait pas exister et dans la mort de Jésus-Christ à la croix de Golgotha, l'Eglise n'allait pas exister.

CHAPITRE III

LA CÔTE D'ADAM : MYSTÈRE

La Bible nous que Dieu a Genèse 2:22 que Dieu "... ***prit <u>une de ces côtes</u> et referma la chair à sa place".*** Ce passage ci-haut cache un mystère.

Nous avions vu que Dieu a provoqué un profond sommeil sur Adam puis il va retirer une de ces côtes afin de former Eve.

Plusieurs lisent malheureusement ce texte de façon littérale alors que le livre de Genèse est très prophétique comme nous pouvons le constater.

C'est pendant son sommeil que Dieu a pris sa côte (la côte d'Adam). Comme nous l'avions dit ci-haut que, quand Dieu a formé l'homme de la poussière de la terre, l'homme est devenu un homme de chair et de sang.

Dans cet homme de chair et de sang, se trouvait la femme.

Pour pouvoir former le corps de la femme, Dieu a fait tomber un profond sommeil sur l'homme, qui s'est endormi.

C'est pendant son sommeil que Dieu a pris sa côte, c'est-à-dire son sang, pour créer la femme.

a) DIEU REFERMA LA CHAIR À SA PLACE : UNE CHIRURGIE SPIRITUELLE

La Bible nous que Dieu a Genèse 2:22 que Dieu "... *prit une de ces côtes* ***et referma la chair à sa place"***.

Dieu a retiré l'une de ses côtes par une chirurgie que nous appelons "chirurgie spirituelle". Rappelez-vous que Dieu avait plongé Adam dans un profond sommeil. C'était dans l'objectif de procéder à la chirurgie. Donc, le profond sommeil d'Adam est comparable à l'anesthésie que les médecins utilisent pour procéder à des opérations qui sont sensibles. L'anesthésie en médecine est une *" suppression momentanée, générale ou partielle, de la sensibilité "*.

En parlant du mystère du sommeil d'Adam, nous nous retrouvons devant un Dieu qui se comporte comme un véritable médecin. Il provoque le profond sommeil à Adam (une sorte de somnifère qui est une substance qui fait dormir), puis il va ouvrir sa chair pour refermer par après (une sorte de chirurgie).

C'est quoi une chirurgie ? En médecine, " Elle *consiste à faire avec la main ou à l'aide d'instruments certaines opérations sur le corps de l'homme.*

En principe la chirurgie est un processus qui laisse une trace visible sur le corps de l'homme. Autrement dit, la chirurgie, laisse une marque, un témoignage de là où l'opération s'est passée.

Voilà pourquoi malgré que Dieu avait chassé Adam et Ève du jardin d'Éden. Adam n'avait pas eu l'intention d'abandonner son épouse Ève parce qu'il y avait un témoignage, une marque, une trace tellement fort qui l'attacher à elle.

De même, Jésus-Christ connait le prix de son épouse voilà pourquoi quoi il est jaloux des âmes.

Voilà pourquoi, Jésus-Christ de même comme le second Adam, les clous sur ses mains, et pieds, les percés sur son côté sont des signes du marque de son amour pour l'église. **Les traces qui sont restées sur ses mains sont les signes de son amour pour nous.**

voilà pourquoi il est écrit dans 2 Corinthiens, 11:2 " Car je suis jaloux de vous d`une jalousie de Dieu, parce que je vous ai fiancés à un seul époux, pour vous présenter à Christ comme une vierge pure."

Deutéronome, 4:24 Car l`Éternel, ton Dieu, est un feu dévorant, un Dieu jaloux.

Un homme qui aime sa femme est naturellement jaloux. C'est pourquoi Christ est jaloux de l'église car il l'aime et s'est sacrifié pour elle.

b) LA CÔTE D'ADAM IMAGE DU SANG DE JÉSUS

Ce que j'aime plus du sommeil d'Adam, c'est le retrait de la côte. La côte d'Adam, c'est le sang d'Adam. Dieu a donc créé la femme à partir du sang de l'homme. La vie de l'homme, sa chair, ses os, son caractère, et tout le reste, se trouvent dans son sang.

Dans ce sang se trouve tout ce qui est de l'homme : Sa chair, ses os, ses yeux, ses oreilles, ses pieds, ses mains, sa bouche, ses doigts, ses orteils, ses dents, son caractère.

Le sommeil d'adam est un mystère d'une dimension spirituelle. La côte d'Adam, c'est bel et bien du sang, et non une côte physique au sens littéral du terme.

Il est écrit dans le livre de Lévitique 17:11, Dieu dit que **la vie de la chair est dans le sang.** Lévitique

17:14, ajoute encore: « La vie de toute chair, **c'est son sang, qui est en elle** ».

C'est très important pour comprendre le mystère du sommeil d'Adam.

La vie de la chair de la femme (Ève) d'Adam est dans son sang ; la vie de la chair de la femme d'Adam, c'est son sang.

Mais d'où lui venait ce sang?

Ce sang venait de l'homme. C'est donc le sang de l'homme que Dieu a pris pour former la femme. La côte d'Adam, c'est donc le sang d'Adam. La vie de la chair de la femme n'est pas dans son os ou dans ses os, mais dans son sang.

Et pendant Jésus-Christ était mort à la croix (profond sommeil), un des soldats « lui perça le côté avec une lance, et aussitôt il sortit du sang et de l'eau. »

De même que le premier Adam eu le côté ouvert, afin que son côte (image de son sang) soit prélevé pour former sa femme, de même le dernier Adam (Jésus-Christ) a eu son côté ouvert à la croix de Golgotha, afin qu'une épouse lui soit formée, l'Eglise.

Jésus-Christ s'est acquis une épouse par son sang versé sur la croix. Cette épouse est donc formée par le Sang de Christ. La vie de la chair de cette épouse, c'est le sang de son époux qui est Jésus-Christ.

De même que Dieu a formé une épouse au premier Adam, par le sang du dernier Adam qui est Jésus-Christ, il a formé une épouse au dernier Adam, par le sang précieux.

De même qu'Eve est le sang d'Adam rendu manifeste, de même l'Eglise est le sang de Christ rendu manifeste.

C'est Dieu qui a été l'auteur de ce sommeil d'Adam. C'est aussi Dieu qui avait pris le contrôle de la situation.

Dieu n'est pas un battiseur qui s'arrête court de chemin. Lorsqu'il commence une chose, il va jusqu'au bout. C'est Dieu qui était l'architecte.

Notez que Après avoir retiré la côte, Dieu a refermé le corps d'Adam.

Pourquoi la Bible prend t-elle soin de préciser que Dieu a refermé le corps?

Après que Dieu a retiré la côte d'Adam, à son réveil ce dernier ne s'est même pas rendu compte qu'il lui manquait que sa chair a été ouverte, qu'une côte lui a été retirée et n'a même pas vu la cicatrice sur de chair.

Cette partie ou ce "côté" prit sur Adam ne l'a ni tué ni déformé.

Dieu a retiré une partie d'Adam puis a refermé. Il n'a pas affaibli la constitution originelle d'Adam.

Lorsqu'il a endormit Adam, il ne lui a pas arraché son cœur ou son estomac. Il a retiré une chose certes importante, mais pas de nature à affaiblir Adam.

En effet, quand Jésus était encore en vie, l'Église n'avait pas ses formes spirituelle et matérielle accomplies. Elle était encore en projet, embryonnaire, comme Ève dans l'esprit d'Adam. Il fallait donc que Jésus-Christ passe par la croix pour matérialiser cette existence.

Tout comme Adam, il fallait qu'il passe par la mort (profond sommeil) pour que la vie de Eve soit matérialisée.

L'Église fidèle et pure n'a qu'un seul fiancé, le Christ, et Ève n'avait qu'un seul fiancé, Adam. L'alliance entre Adam et Ève est la préfiguration de l'Alliance entre Christ et l'église.

La Bible dit dans Jean 13 : 24 " En vérité en vérité je vous le dis, si le grain de blé ne tombe en terre et **ne**

meurt, il reste seul; mais s'il meurt, il porte beaucoup de fruits.

C'est pourquoi, avant de donner naissance à l'Église, Jésus-Christ a dû mourir. Jésus-Christ est le blé qui est tombé en terre pour que l'Eglise vive.

Or, que dit Adam, lorsqu'il voit Ève la première fois ? Celle-ci est os de mes os, chair de ma chair; donc c'est mon corps. En de termes plus simples, elle est de la même nature que moi.

CHAPITRE IV

LE SOMMEIL D'ADAM : MYSTERE DU COUPLE

Dieu a utilisé le sommeil d'Adam pour lui donner Eve afin de combler le vide en lui.

Beaucoup de hommes ont mal compris ce verset sur le fait qu'Ève soit tirée d'Adam et par conséquent ils considèrent la femme comme un être inférieur à lui, ce qui n'est pas vrai.

Dans le couple la considération de l'un et de l'autre est vivement recommander pour sa vitalité. La femme a été créée pour être une aide semblable à son mari.

I. L'autorité du mari

Dans le couple Dieu donna l'autorité à l'homme avant même que le péché ne fasse son apparition, cette autorité n'est pas pour déconsiderer la femme.

La femme ne fut pas tirée de la tête d'Adam pour le dominer, la femme qui cherche à dominer son mari sache que tu n'as jamais été tirée de la tête de l'homme pour que l'homme soit dominé.

Aussi la femme n'a pas été tirée de pieds de l'homme pour qu'elle soit piétinée par son mari. Mais la femme a été tirée du côté de l'homme, elle mérite donc l'amour et la protection.

L'homme qui utilise abusivement son autorité pour piétiner sa femme sache que ta femme n'a pas été tirée de tes pieds.

Au contraire la femme a été tirée du dessous de bras de son mari pour qu'il la protège et à proximité de coeur de l'homme pour l'aimer.

II. La soumission de la femme

La femme a été tirée de la côte de l'homme or, la côte se trouve au dessous de bras et non au dessus de la tête.

C'est pourquoi la femme doit se soumettre à son mari et mari à son tour doit protéger sa femme comme la poule qui protège ses poussins en dessous de ses zèles.

La côte se retrouve encore à proximité du coeur de l'homme pour que ce dernier aime sa femme dans son coeur et non dans sa tête.

C'est pourquoi la bible dit à l'homme d'aimer sa femme et à la femme d'être soumise à son mari.

CONCLUSION

Nous ne pouvons pas affirmer avoir exposé toutes les révélations en rapport avec le mystère du sommeil d'Adam.

C'est par le sommeil d'Adam, que Dieu a permis à Adam et Eve d'être dans une alliance. Et cette alliance a de fortes similitudes avec la relation de Christ et l'Église. Adam a été endormi pour donner naissance à la chair de sa chair, tandis que Christ est mort pour que naisse l'Église, son épouse spirituelle, donc sa chair en esprit.

Autrement dit, c'est par le côte d'Adam que Dieu a formé Ève. Jésus-Christ, le second et dernier Adam, c'est aussi par son sang versé à la croix de Golgotha qui a donné naissance à son épouse qui est l'Eglise.

Table des matières

Printed by Books on Demand GmbH, Norderstedt / Germany